Impressum
Verlag: BABADADA GmbH, Nedderfeld 112 , 22529 Hamburg
Geschäftsführer / Verlagsleitung: Harald Hof
Druck: Books on Demand GmbH, In de Tarpen 42, 22848 Norderstedt

Imprint
Publisher: BABADADA GmbH, Nedderfeld 112 , 22529 Hamburg, Germany
Managing Director / Publishing direction: Harald Hof
Print: Books on Demand GmbH, In de Tarpen 42, 22848 Norderstedt, Germany

kool

училище

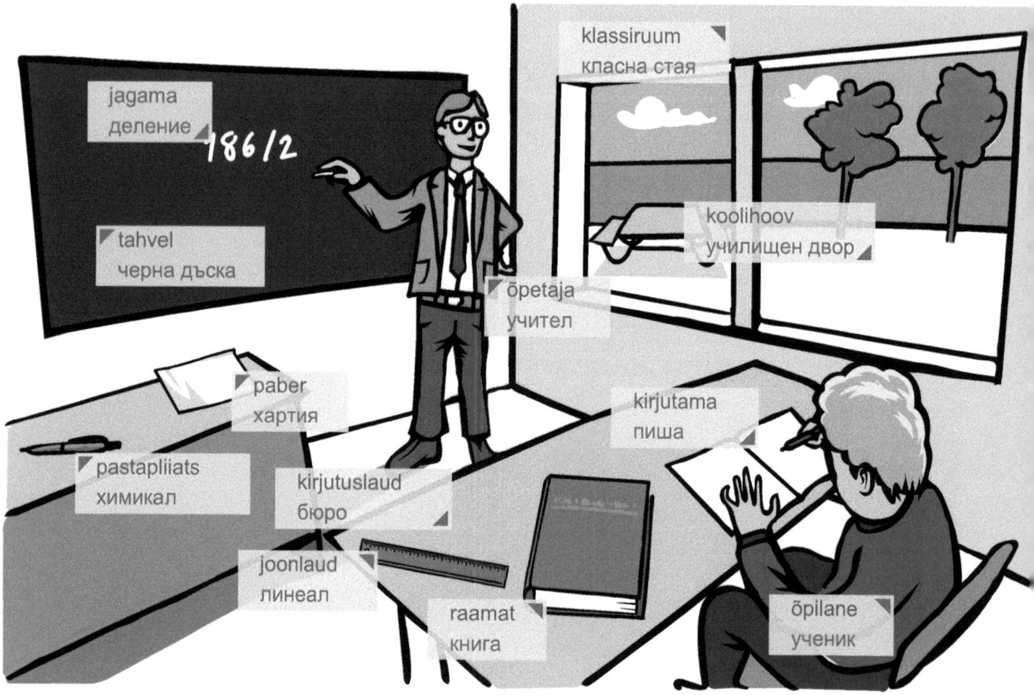

klassiruum
класна стая
jagama
деление
186/2
tahvel
черна дъска
koolihoov
училищен двор
õpetaja
учител
paber
хартия
kirjutama
пиша
pastapliiats
химикал
kirjutuslaud
бюро
joonlaud
линеал
raamat
книга
õpilane
ученик

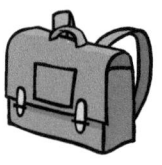

koolikott

ученическа раница

pinal

ученически несесер

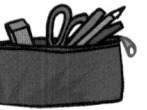

harilik pliiats

молив

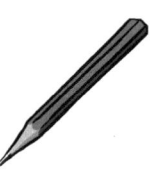

pliiatsiteritaja

острилка за моливи

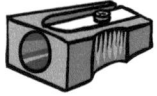

kustukumm

гума

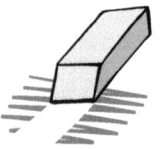

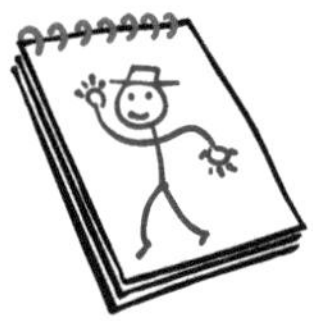

joonistusplokk

блок за рисуване

joonistus
рисунка

pintsel
четка

värvikarp
акварелни бои

käärid
ножица

liim
лепило

töövihik
тетрадка за упражнения

kodutöö
домашна работа

number
число

liitma
събиране

lahutama
изваждане

korrutama
умножение

arvutama
смятане

täht
буква

tähestik
азбука

hello

sõna
дума

tekst

текст

lugema

чета

kriit

тебешир

koolitund

час

klassipäevik

дневник на класа

eksam

изпит

tunnistus

свидетелство

koolivorm

ученическа униформа

haridus

образование

entsüklopeedia

справочник

ülikool

университет

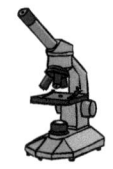

mikroskoop

микроскоп

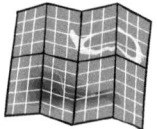

kaart

карта

paberikorv

кошче за хартиени
отпадъци

reisimine

пътуване

hotell
хотел
Grand
hostel
хостел
ROOMS
valuutavahetuspunkt
обменно бюро
kohver
куфар
auto
кола

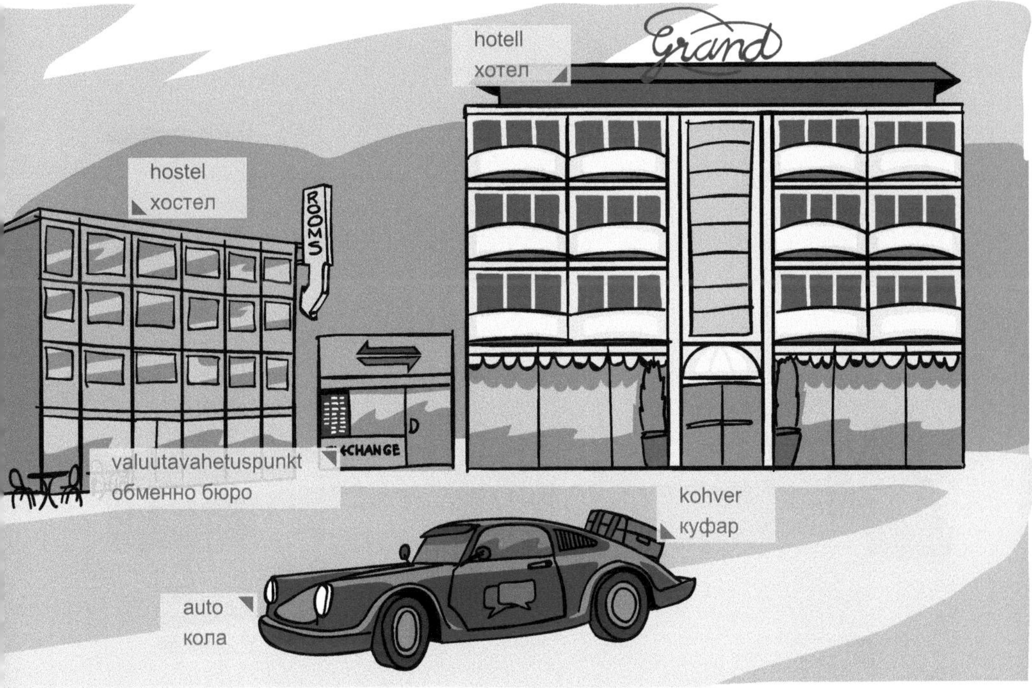

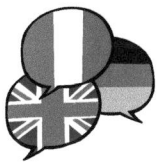

keel

език

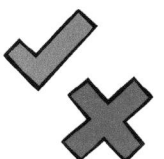

jah / ei

да / не

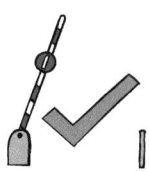

okei

Океи

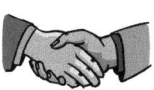

Tere!

здравей

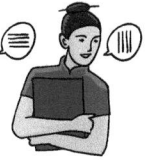

tõlk

преводач

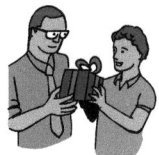

Aitäh!

Благодаря

Kui palju maksab …?

Колко струва…?

Ma ei saa aru

Не разбирам

probleem

проблем

Tere õhtust!

Добър вечер!

Tere hommikust!

Добро утро!

Head ööd!

Лека нощ!

Head aega!

довиждане

suund

посока

pagas

багаж

kott

пътна чанта

seljakott

раница

külaline

посетител

tuba

стая

magamiskott

спален чувал

telk

палатка

turismiinfo

туристическа информация

rand

плаж

krediitkaart

кредитна карта

hommikusöök

закуска

lõunasöök

обед

õhtusöök

вечеря

pilet

билет

lift

асансьор

postmark

пощенска марка

riigipiir

граница

toll

митница

saatkond

посолство

viisa

виза

pass

паспорт

reisimine - пътуване

transport
транспорт

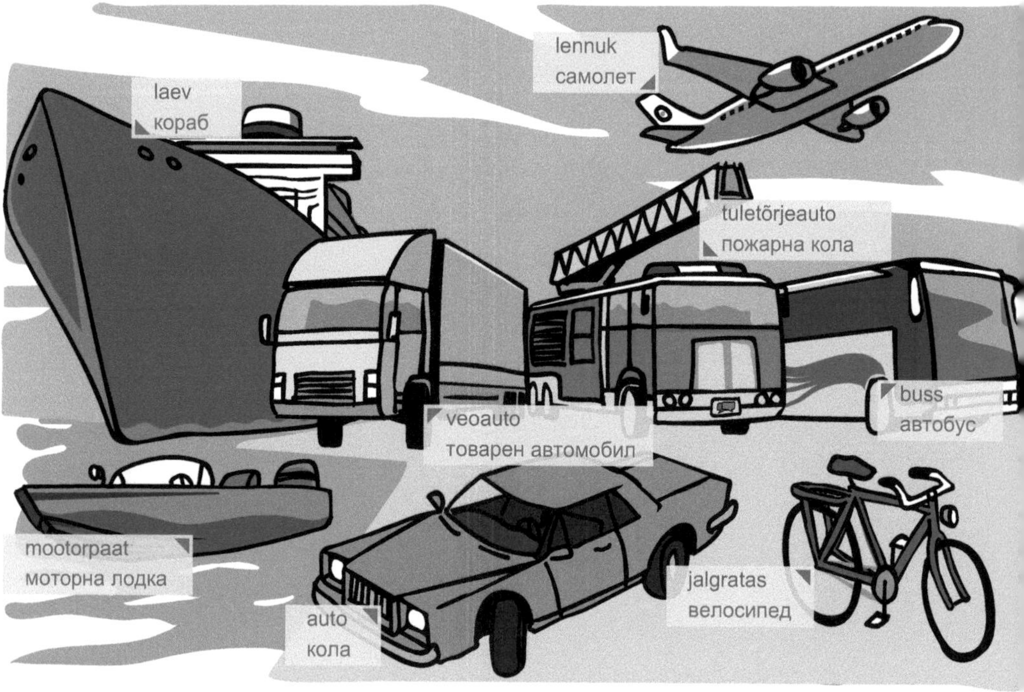
lennuk
самолет
laev
кораб
tuletõrjeauto
пожарна кола
veoauto
товарен автомобил
buss
автобус
mootorpaat
моторна лодка
jalgratas
велосипед
auto
кола

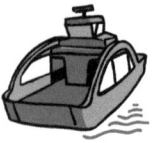

praam
фериботь

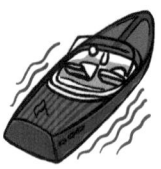

paat
лодка

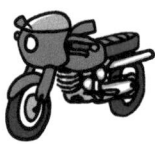

mootorratas
мотоциклет

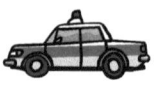

politseiauto
полицейска кола

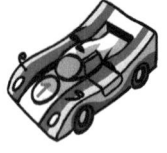

võidusõiduauto
състезателна кола

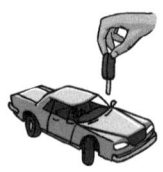

rendiauto
кола под наем

ühisauto

каршеринг

puksiirauto

автомобил от "Пътна помощ"

prügiauto

сметовоз

mootor

двигател

kütus

бензин

tankla

бензиностанция

liiklusmärk

пътен знак

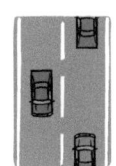

liiklus

улично движение

liiklusummik

задръстване

parkla

паркинг

raudteejaam

гара

rööpad

релси

rong

влак

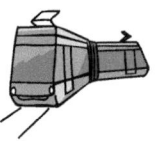

tramm

трамвай

vagun

вагон

helikopter

хеликоптер

lennujaam

аерогара

torn

кула

reisija

пасажер

konteiner

контейнер

pappkast

кашон

käru

ръчна количка

korv

кошница

õhku tõusma / maanduma

излитам / приземявам се

linn

град

küla

село

kesklinn

градски център

maja

къща

kino
кино

reklaam
реклама

tänavalatern
уличен фенер

CINEMA

tänav
улица

takso
такси

jalakäija
пешеходец

kiosk
павилион

kõnnitee
тротоар

ülekäigurada
пешеходна пътека

prügikonteiner
голяма кофа за смет

ristmik
кръстовище

valgusfoor
светофар

osmik
хижа

kortermaja
жилище

raudteejaam
гара

raekoda
кметство

muuseum
музей

kool
училище

ülikool

университет

pank

банка

haigla

болница

hotell

хотел

apteek

аптека

kontor

офис

raamatupood

книжарница

kauplus

магазин за цветя

lillepood

магазин за цветя

supermarket

супермаркет

turg

пазар

kaubamaja

универсален магазин

kalapood

търговец на риба

kaubanduskeskus

търговски център

sadam

пристанище

park
парк

pink
пейка

sild
мост

trepp
стълба

metroo
метро

tunnel
тунел

bussipeatus
автобусна спирка

baar
бар

restoran
ресторант

postkast
пощенска кутия

tänavasilt
улична табелка

parkimisautomaat
часовник за паркинг
престой

loomaaed
зоологическа градина

ujula
плувен басейн

mošee
джамия

talu

селски двор

reostus

замърсяване на околната
среда

surnuaed

гробище

kirik

църква

mänguväljak

детска площадка

tempel

храм

maastik

пейзаж

leht
листо

teeviit
пътепоказател

tee
път

aas
ливада

kivi
камък

matkaja
пътешественик

puu
дърво

jõgi
река

rohi
трева

lill
цвете

org
долина

mägi
планина

järv
море

mets
гора

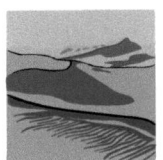

kõrb
пустиня

vulkaan
вулкан

linnus
замък

vikerkaar
дъга

seen
гъба

palm
палма

sääsk
комар

kärbes
муха

sipelgas
мравка

mesilane
пчела

ämblik
паяк

mardikas

бръмбар

konn

жаба

orav

катеричка

siil

таралеж

jänes

заек

öökull

кукумявка

lind

птица

luik

лебед

metssiga

диво прасе

hirv

елен

põder

лос

pais

бент

tuuleturbiin

вятърна турбина

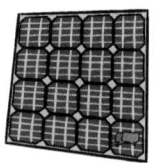

päikesepaneel

соларен модул

kliima

климат

restoran
ресторант

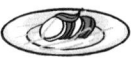

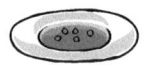

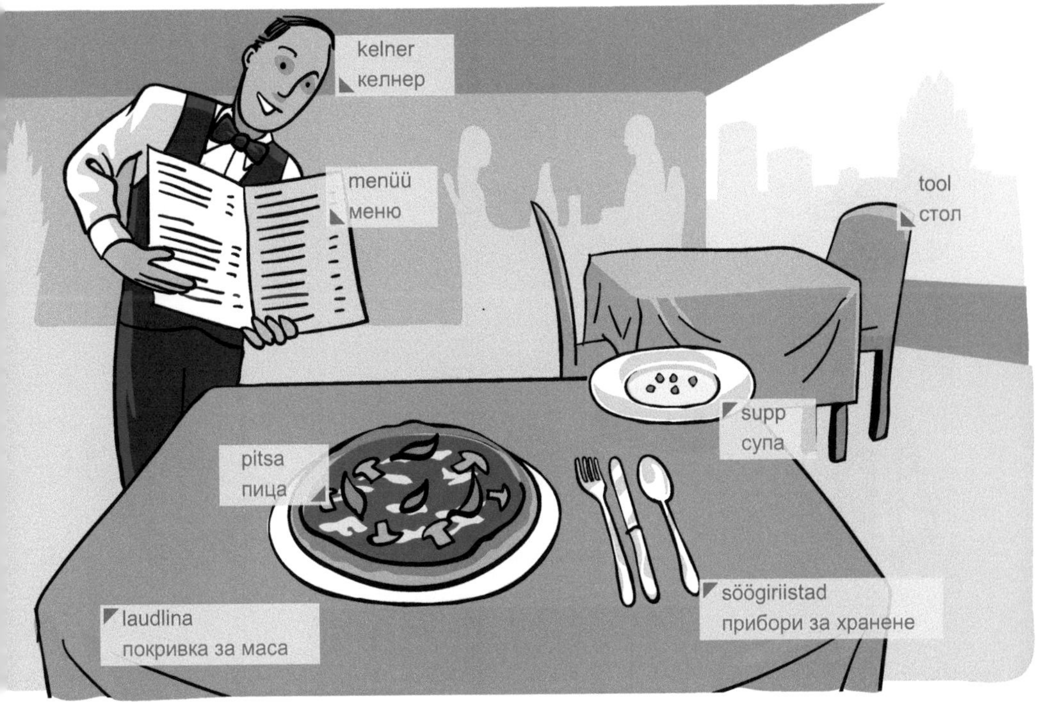
kelner
келнер
menüü
меню
tool
стол
supp
супа
pitsa
пица
söögiriistad
прибори за хранене
laudlina
покривка за маса

eelroog

предястие

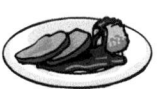

pearoog

основно ястие

magustoit

десерт

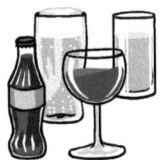

joogid

напитки

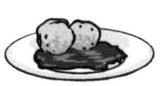

toit

ядене

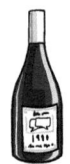

pudel

бутилка

kiirtoit

бързо хранене

tänavatoit

улична храна

teekann

кана за чай

suhkrutoos

кутия за захар

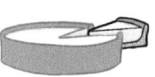

portsjon

порция

espressomasin

еспресо машина

lastetool

висок детски стол

arve

сметка

kandik

табла

nuga

ножица за нокти

kahvel

вилица

lusikas

лъжица

teelusikas

чаена лъжичка

salvrätik

салфетка

klaas

стъклена чаша

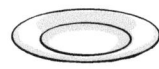

taldrik

чиния

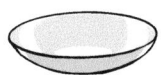

supitaldrik

чиния за супа

alustass

чинийка

kaste

сос

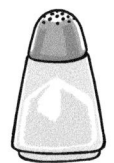

soolatoos

солница

pipraveski

мелничка за черен пипер

äädikas

оцет

õli

олио

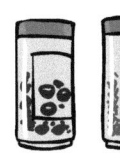

vürtsid

подправки

ketšup

кетчуп

sinep

горчица

majonees

майонеза

supermarket

супермаркет

eripakkumine
оферта
FOR
klient
клиент
piimatooted
млечни продукти
puuviljad
плодове
ostukäru
количка за покупки

BUTCHERS

lihapood

кланица

BAKERY

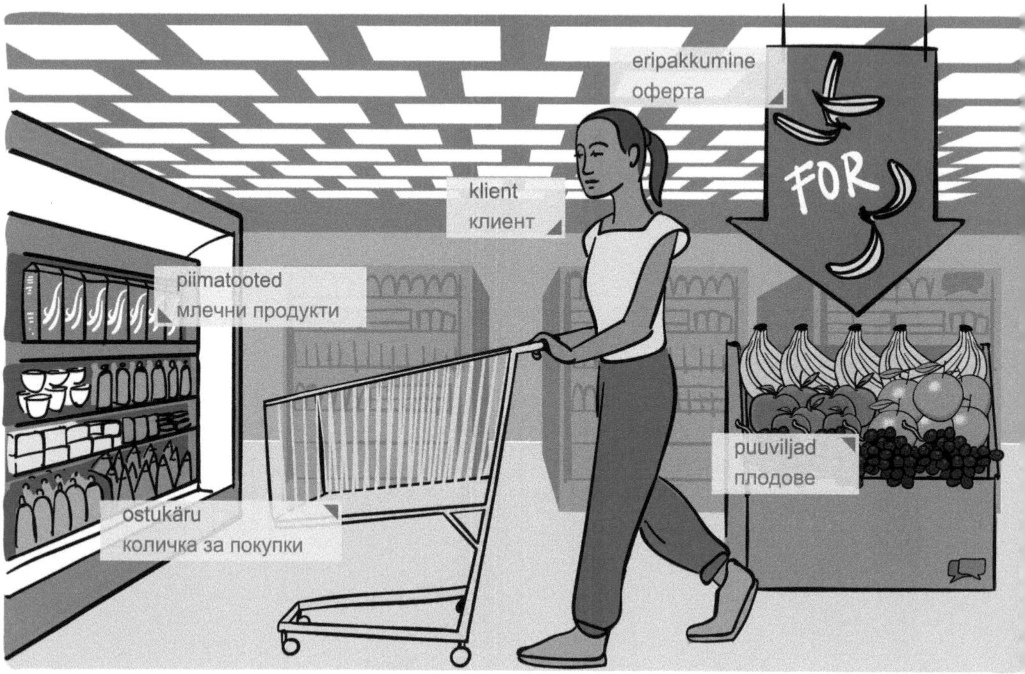

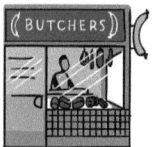

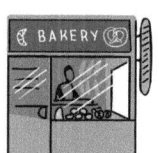

pagariäri

хлебарница

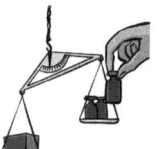

kaaluma

тегля

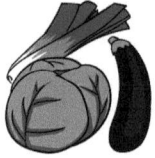

köögiviljad

зеленчуци

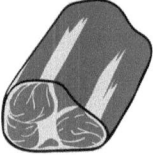

liha

месо

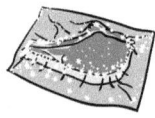

külmutatud toit

дълбоко замразена храна

lihalõigud

нарязан колбас или сирене

konservid

консерви

pesupulber

перилен препарат

maiustused

лакомства

majatarbed

домакински изделия

puhastustooted

почистващи препарати

müüja

продавачка

kassaaparaat

каса

kassapidaja

касиер

ostunimekiri

списък на покупките

lahtiolekuajad

работно време

rahakott

портфейл

krediitkaart

кредитна карта

kott

чанта

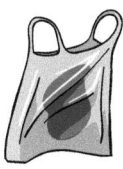

kilekott

пластмасова торба

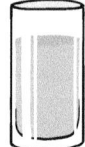

vesi

вода

mahl

сок

piim

мляко

koola

кола

vein

вино

õlu

бира

alkohol

алкохол

kakao

какао

tee

чай

kohv

кафе машина

espresso

еспресо

cappuccino

капучино

banaan

банан

õun

ябълка

apelsin

портокал

arbuus

пъпеш

sidrun

лимон

porgand

морков

küüslauk

чесън

bambus

бамбук

sibul

лук

seen

гъба

pähklid

ядки

nuudlid

макарони

spagetid
спагети

riis
ориз

salat
салата

friikartulid
пържени картофи

praekartulid
печени картофи

pitsa
пица

hamburger
хамбургер

võileib
сандвич

šnitsel
шницел

sink
шунка

salaami
траен колбас

vorst
салам

kana
пиле

praeliha
печено

kala
риба

kaerahelbed

овесени ядки

müsli

мюсли

maisihelbed

корнфлейкс

jahu

брашно

sarvesai

кроасан

kukkel

хлебчета

leib

хляб

röstsai

препечена филийка

küpsised

бисквити

või

масло

kohupiim

извара

kook

сладкиш

muna

яйце

praemuna

яйца на очи

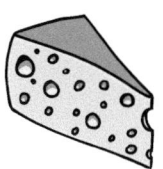

juust

сирене

jäätis

сладолед

suhkur

захар

mesi

мед

moos

мармалад

pähklivõie

нуга крем

karri

къри

talu

селски двор

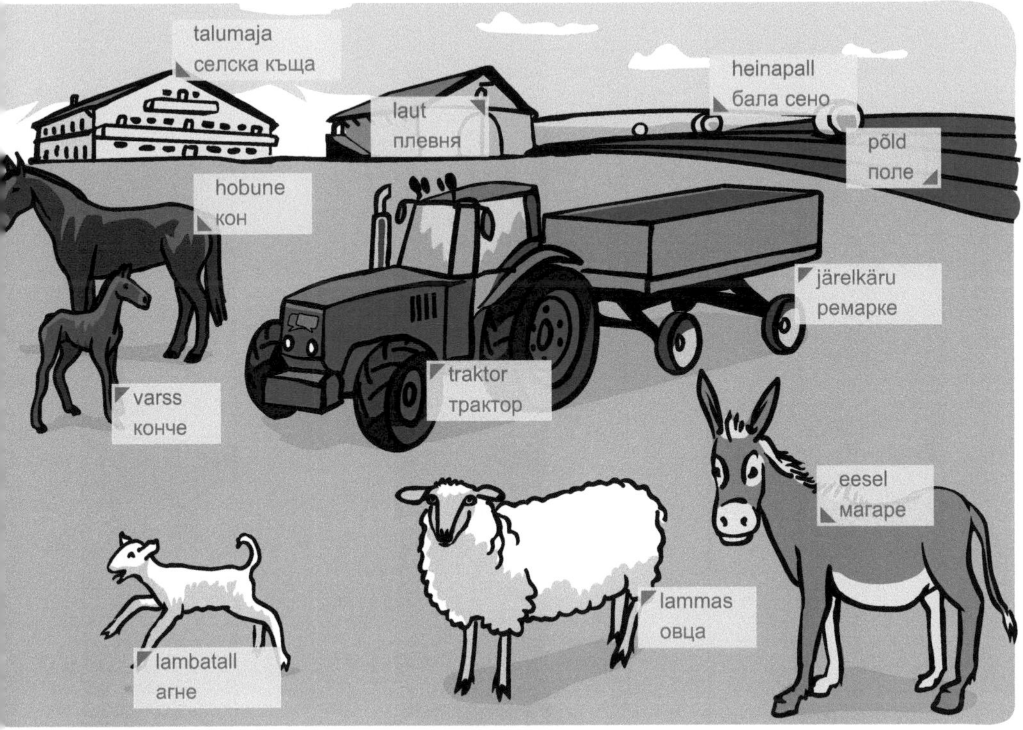
talumaja
селска къща
laut
плевня
heinapall
бала сено
põld
поле
hobune
кон
järelkäru
ремарке
traktor
трактор
varss
конче
eesel
магаре
lammas
овца
lambatall
агне

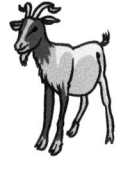

kits

коза

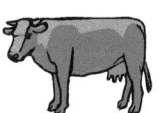

lehm

крава

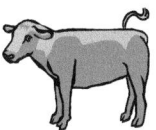

vasikas

теле

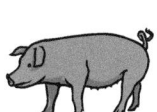

siga

свиня

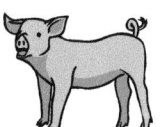

põrsas

прасенце

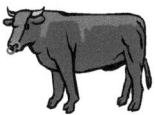

pull

бик

hani

гъска

part

патица

tibu

пиленце

kana

кокошка

kukk

петел

rott

плъх

kass

котка

hiir

мишка

härg

вол

koer

куче

koerakuut

кучешка колиба

aiavoolik

градински маркуч

kastekann

лейка

vikat

коса

ader

плуг

sirp

сърп

kõblas

мотика

hang

вила за тор

kirves

брадва

käru

ръчна количка

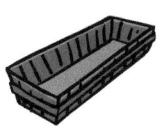

küna

корито

piimanõu

съд за мляко

kott

чувал

tara

ограда

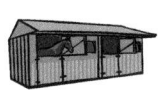

tall

обор

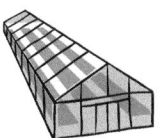

kasvuhoone

парник

muld

земя

seeme

сеитба

väetis

тор

kombain

комбайн

saaki koristama
жъна

saagikoristus
реколта

jamss
ямс

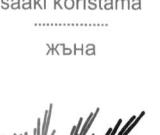

nisu
жито

soja
соя

kartul
картоф

mais
царевица

raps
рапица

viljapuu
овощно дърво

maniokk
маниока

teravili
зърнени храни

maja

къща

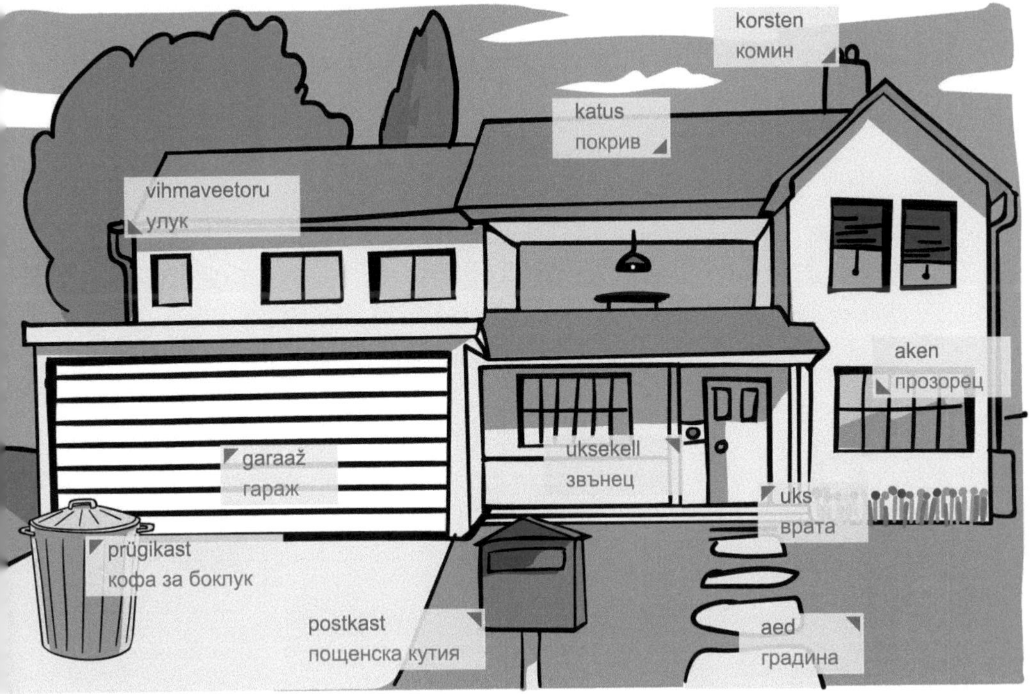

korsten
комин
katus
покрив
vihmaveetoru
улук
aken
прозорец
garaaž
гараж
uksekell
звънец
uks
врата
prügikast
кофа за боклук
postkast
пощенска кутия
aed
градина

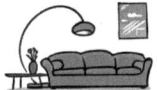

elutuba

всекидневна

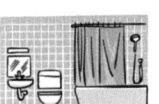

vannituba

баня

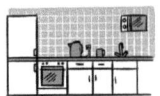

köök

кухня

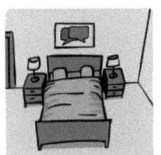

magamistuba

спалня

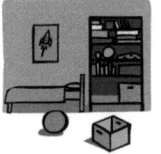

lastetuba

детска стая

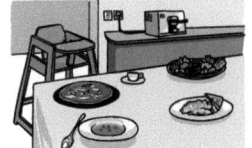

söögituba

трапезария

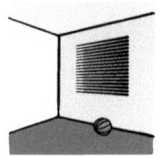

põrand

под

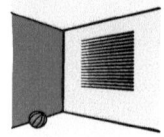

sein

стена

lagi

таван

kelder

изба

saun

сауна

rõdu

балкон

terrass

тераса

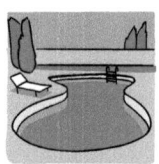

bassein

плувен басейн

muruniiduk

косачка

voodilina

спално бельо

päevatekk

покривка за легло

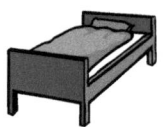

voodi

легло

luud

метла

ämber

кофа

lüliti

електрически ключ

elutuba
всекидневна

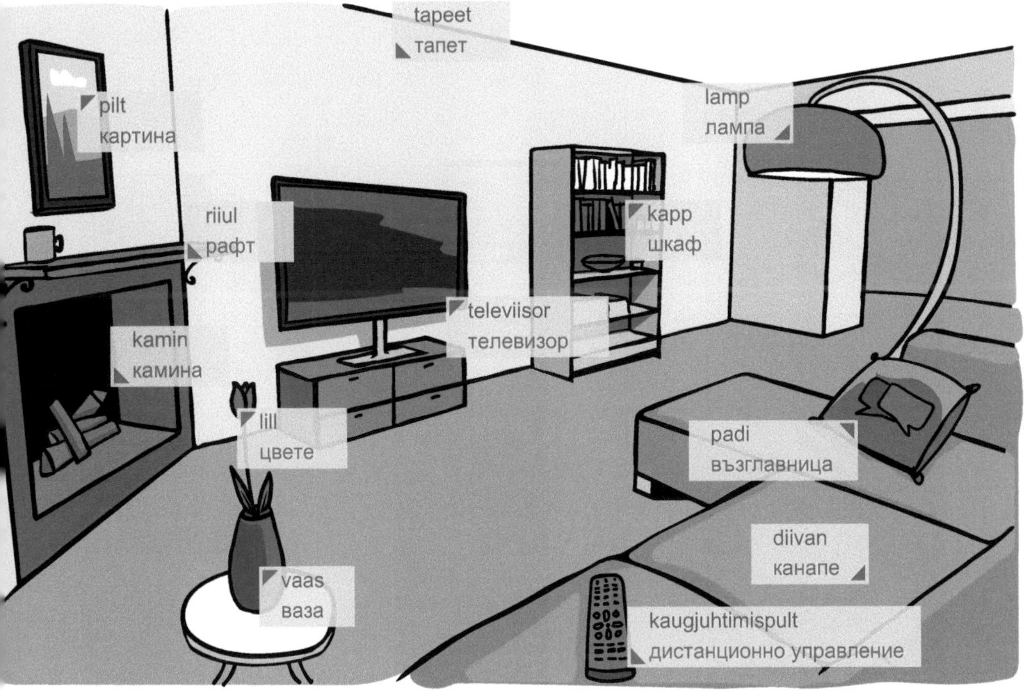
tapeet
тапет
pilt
картина
lamp
лампа
riiul
рафт
kapp
шкаф
televiisor
телевизор
kamin
камина
lill
цвете
padi
възглавница
diivan
канапе
vaas
ваза
kaugjuhtimispult
дистанционно управление

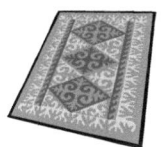

vaip

килим

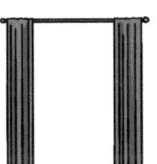

kardin

завеса

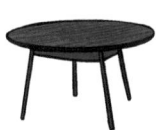

laud

маса

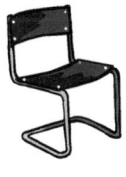

tool

стол

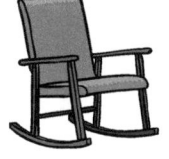

kiiktool

люлеещ се стол

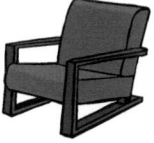

tugitool

кресло

raamat

книга

tekk

одеяло

kaunistus

декорация

küttepuud

дърва за отопление

film

филм

helisüsteem

стерео уредба

võti

ключ

ajaleht

вестник

maal

живопис

plakat

постер

raadio

радио

märkmik

бележник

tolmuimeja

прахосмукачка

kaktus

кактус

küünal

свещ

köök
кухня

külmik
хладилник
mikrolaineahi
микровълнова фурна
köögikaal
кухненска везна
röster
тостер
pesuvahend
почистващо средство
ahi
фурна
sügavkülmik
хладилна камера
prügikast
кофа за боклук
nõudepesumasin
миялна машина

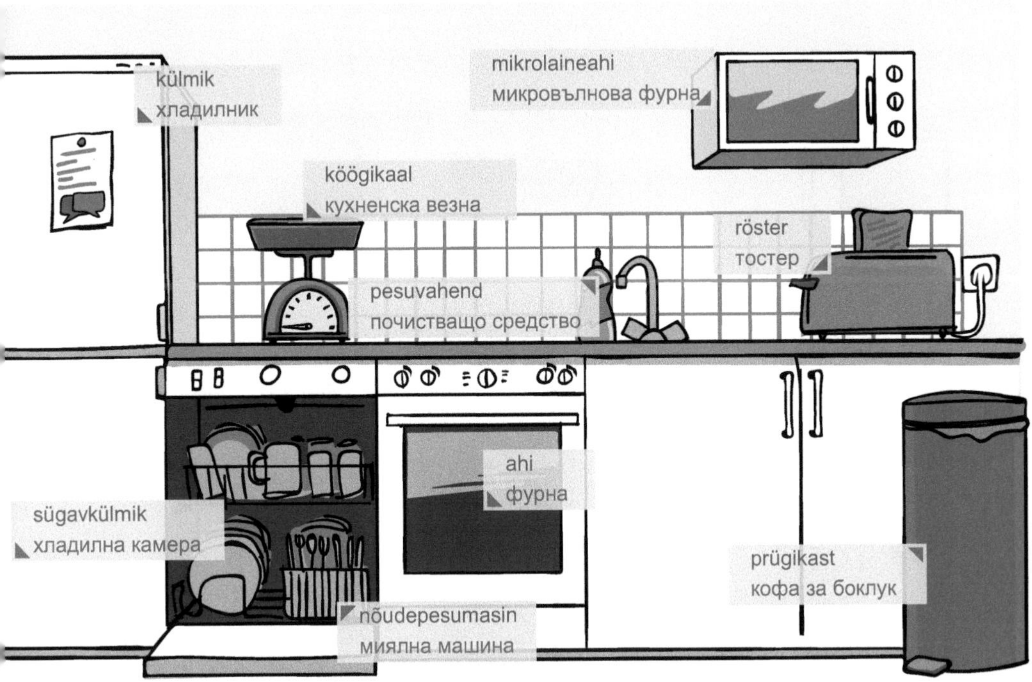

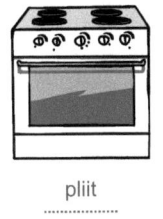

pliit

готварска печка

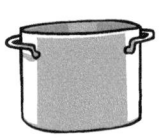

pott

тенджера

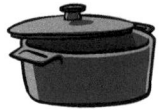

malmpott

желязна тенджера

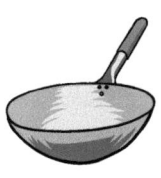

vokkpann

уок / кадаи

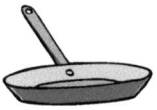

pann

тиган

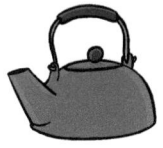

veekeetja

кана за затопляне на вода

aurutaja

уред за готвене на пара

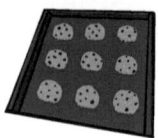

küpsetusplaat

тава за печене

lauanõud

съдове

kruus

чаша

kauss

купа

söögipulgad

клечки за хранене

kulp

черпак

pannilabidas

лопатка за тиган

vispel

тел за разбиване (на яйца, белтъци)

kurn

кошница за варене

sõel

гевгир

riiv

ренде

uhmer

хаван

grill

барбекю

lahtine tuli

огнище

lõikelaud
дъска

tainarull
точилка

korgitser
тирбушон

konservipurk
кутия

konserviavaja
отварачка за консерви

pajakinnas
кухненска ръкохватка

kraanikauss
мивка

hari
четка

pesukäsn
гъба

kannmikser
миксер

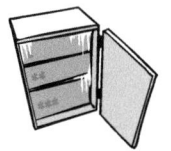

sügavkülmuti
фризер

lutipudel
бебешко шише

segisti
воден кран

vannituba

баня

dušš
душ
küte
отопление
käterätik
хавлиена кърпа
dušikardin
завеса за баня
mullivann
шампоан за вана
vann
вана
klaas
стъклена чаша
pesumasin
перална машина
segisti
воден кран
plaadid
плочки
pissipott
гърне
kraanikauss
мивка

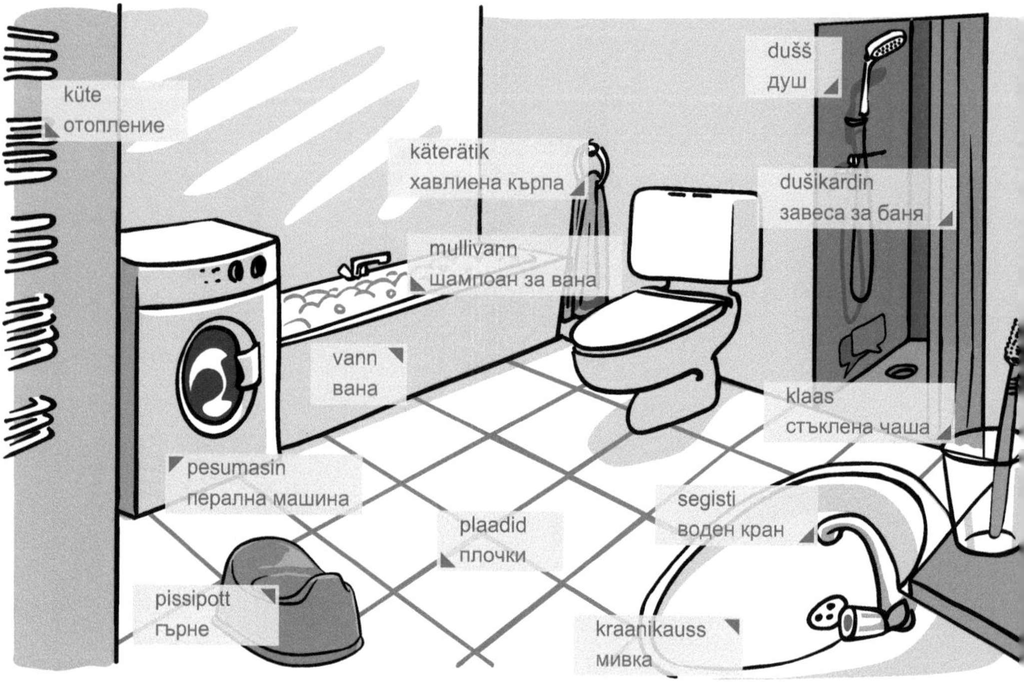

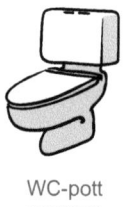

WC-pott

тоалетна

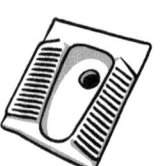

kükitamistualett

клекало

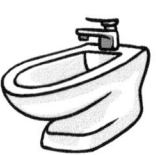

bidee

биде

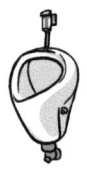

pissuaar

писоар

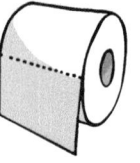

tualettpaber

тоалетна хартия

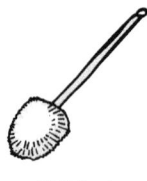

WC-hari

четка за тоалетна

hambahari

четка за зъби

hambapasta

паста за зъби

hambaniit

конец за зъби

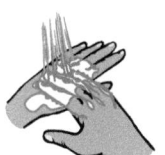

pesema

мия

käsidušš

ръчен душ

intiimdušš

интимен душ

pesukauss

леген

seljahari

четка за гръб

seep

сапун

dušigeel

душ гел

šampoon

шампоан за вана

vamm

гъба за баня

äravool

сифон

kreem

крем

deodorant

дезодорант

peegel

огледало

käsipeegel

козметично огледало

habemenuga

ръчна самобръсначка

raseerimisvaht

пяна за бръснене

habemevesi

одеколон за след бръснене

kamm

гребен

hari

четка

föön

сешоар

juukselakk

спрей за коса

meigikomplekt

грим

huulepulk

червило

küünelakk

лак за нокти

vatt

памук

küünekäärid

ножица за нокти

parfüüm

парфюм

tualett-tarvete kott

....

тоалетна чантичка

taburet

....

табуретка

kaal

....

везна

hommikumantel

....

хавлия

kummikindad

....

домакински ръкавици

tampoon

....

тампон

hügieeniside

....

дамски превръзки

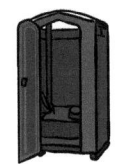

keemiline tualett

....

химическа тоалетна

vannituba - баня

lastetuba

детска стая

äratuskell
будилник
pehme mänguasi
плюшена играчка
mänguauto
автомобил играчка
kõristi
дрънкалка
nukumaja
къща за кукли
kingitus
подарък

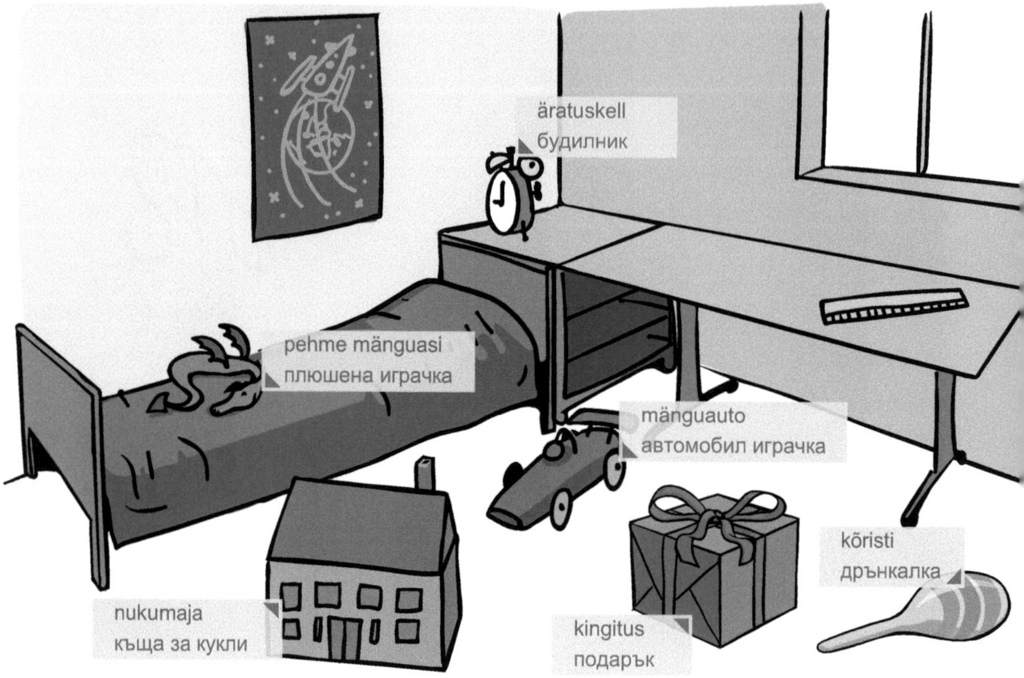

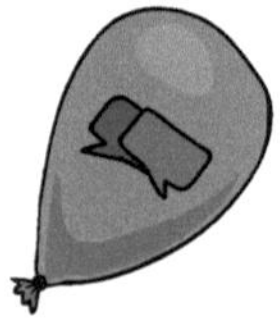

õhupall

балон

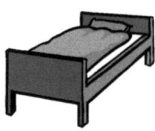

voodi

легло

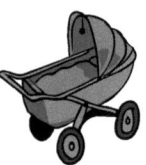

lapsevanker

детска количка

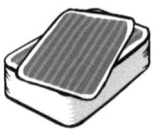

kaardipakk

игра на карти

pusle

пъзел

SUPER MEGA

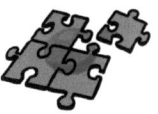

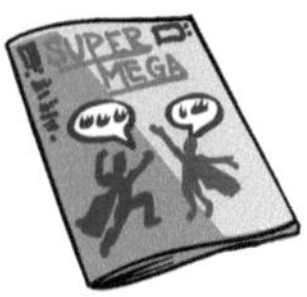

koomiks

комикс

Lego klotsid

лего елементи

klotsid

строителни елементи

kujuke

екшън фигурка

siputuspüksid

бебешки гащеризон

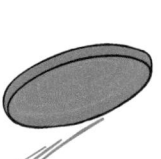

lendav taldrik

фрисби

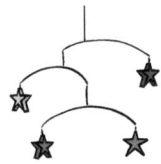

voodikarussell

бебешки играчки за легло

lauamäng

настолна игра

täringud

зарче

mudelrong

миниатюрно влакче

lutt

биберон

pidu

парти

pildiraamat

детска книга с илюстрации

pall

топка

nukk

кукла

mängima

играя

liivakast

пясъчник

kiik

люлка

mänguasjad

играчка

mängukonsool

игрова конзола

kolmerattaline jalgratas

велосипед с три колелета

mängukaru

плюшено мече

riidekapp

гардероб

riietus

облекло

sokid

къси чорапи

sukad

дълги чорапи

sukkpüksid

чорапогащник

sall
шал

vihmavari
чадър

T-särk
Т-шърт

vöö
колан

saapad
ботуши

sussid
пантофи

tossud
гуменки

sandaalid
....
сандали

jalatsid
....
обувки

kummikud
....
гумени ботуши

aluspüksid
....
слип

rinnahoidja
....
сутиен

vest
....
долна блуза

bodi
боди

püksid
панталон

teksapüksid
дънки

seelik
пола

pluus
блуза

särk
риза

sviiter
пуловер

dressipluus
суичър

bleiser
блейзър

jakk
яке

mantel
палто

vihmamantel
дъждобран

kostüüm
костюм

kleit
рокля

pulmakleit
булчинска рокля

ülikond

костюм

öösärk

нощница

pidžaama

пижама

sari

сари

pearätt

кърпа за глава

turban

тюрбан

burka

бурка

kaftan

кафтан

abayah

абая

ujumistrikoo

бански костюм

ujumispüksid

плувни шорти

lühikesed püksid

къс панталон

dressid

анцуг

põll

престилка

kindad

ръкавици

nööp

копче

prillid

очила

käevõru

гривна

kaelakee

верижка

sõrmus

пръстен

kõrvarõngas

обеца

nokamüts

каскет

riidepuu

закачалка

kaabu

шапка

lips

вратовръзка

tõmblukk

цип

kiiver

каска

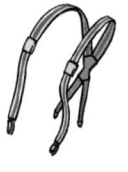

traksid

тиранти

koolivorm

ученическа униформа

vormirõivad

униформа

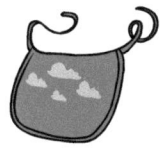

pudipõll

лигавник

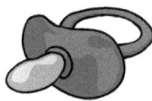

lutt

биберон

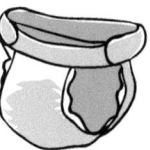

mähe

пелена

kontor

офис

server
сървър
arhiivikapp
шкаф за документи
printer
принтер
paber
хартия
monitor
монитор
hiir
мишка
kirjutuslaud
бюро
kaust
папка
klaviatuur
клавиатура
paberikorv
кошче за хартиени отпадъци
arvuti
компютър
tool
стол

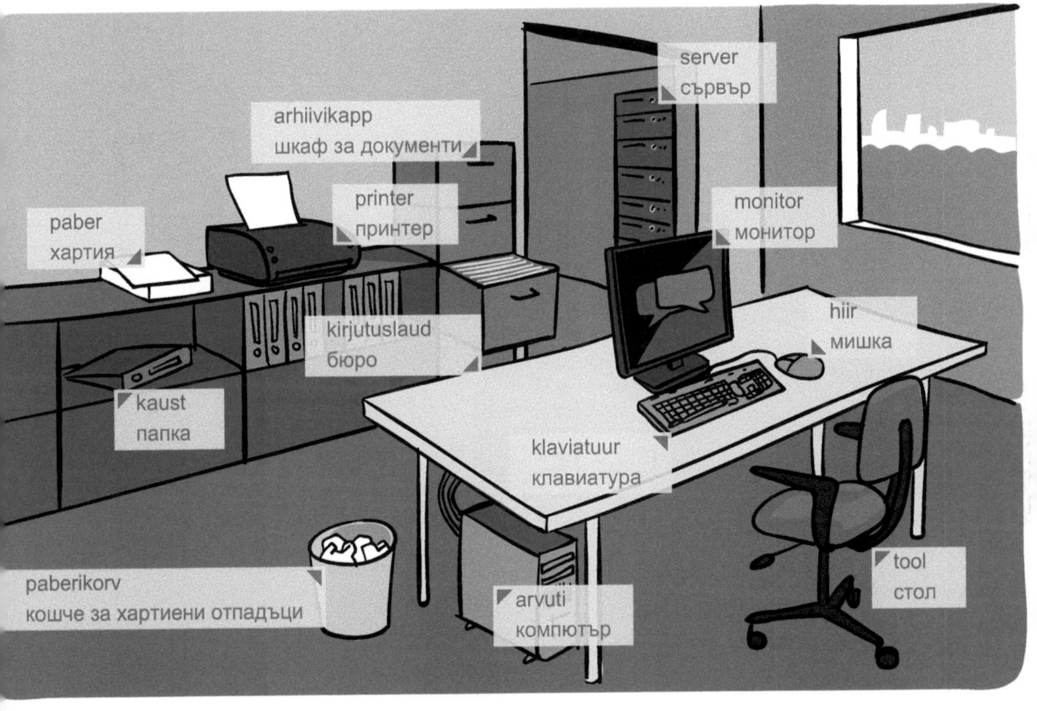

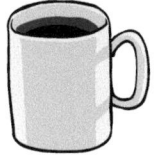

kohvikruus

чаша за кафе

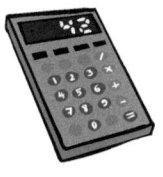

kalkulaator

джобен калкулатор

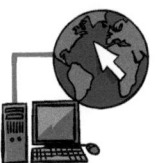

internet

интернет

sülearvuti

лаптоп

kiri

писмо

sõnum

съобщение

mobiiltelefon

мобилен телефон

võrk

мрежа

koopiamasin

ксерокс

tarkvara

софтуер

telefon

телефон

pistikupesa

контакт

faksimasin

факс

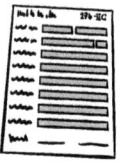

vorm

формуляр

dokument

документ

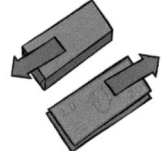

ostma

купувам

maksma

плащам

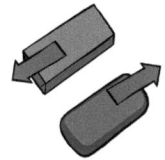

vahetama

търгувам

raha

пари

dollar

долар

euro

евро

jeen

йена

rubla

рубла

Šveitsi frank

швейцарски франк

renminbi jüaan

ренминби юан

ruupia

рупия

sularahaautomaat

банкомат

valuutavahetuspunkt

обменно бюро

kuld

злато

hõbe

сребро

nafta

нефт

energia

енергия

hind

цена

leping

договор

maks

данък

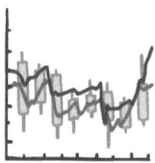

aktsia

акция

töötama

работя

töötaja

служител

tööandja

работодател

tehas

фабрика

kauplus

магазин за цветя

ametid

професии

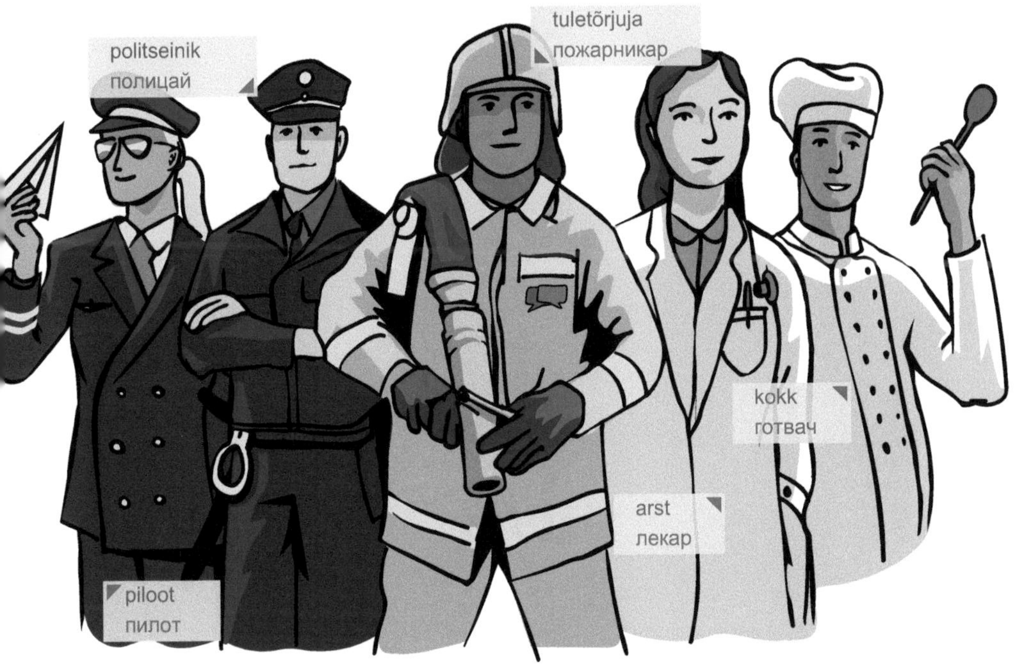
politseinik
полицай
tuletõrjuja
пожарникар
kokk
готвач
arst
лекар
piloot
пилот

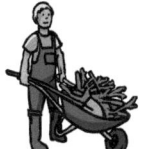

aednik

градинар

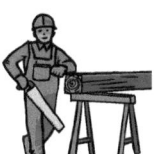

puusepp

мебелист

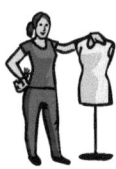

õmbleja

шивачка

kohtunik

съдия

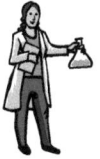

keemik

химик

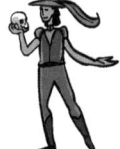

näitleja

артист

bussijuht

шофьор на автобус

taksojuht

шофьор на такси

kalamees

рибар

koristaja

чистачка

katusepaigaldaja

майстор на покриви

kelner

келнер

jahimees

ловец

maaler

художник

pagar

хлебар

elektrik

електротехник

ehitaja

строителен работник

insener

инженер

lihunik

касапин

torumees

тенекеджия

postiljon

пощальон

sõdur

войник

arhitekt

архитект

kassapidaja

касиер

lillemüüja

цветар

juuksur

фризьор

piletikontrolör

кондуктор

mehaanik

механик

kapten

капитан

hambaarst

зъболекар

teadlane

научен работник

rabi

равин

imaam

имàм

munk

монах

preester

свещеник

tööriistad
инструменти

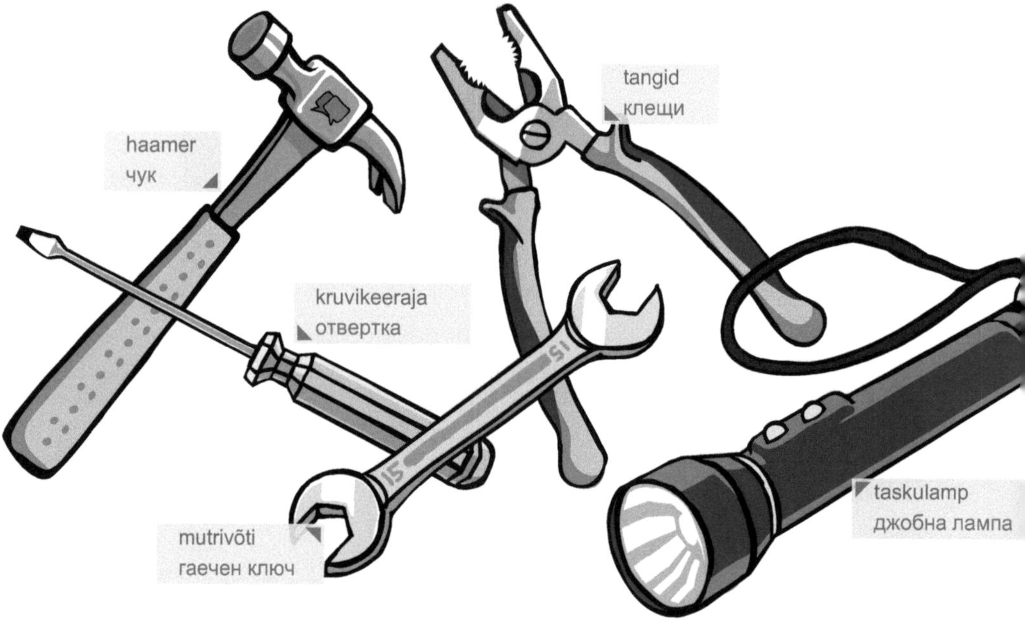

haamer
чук
tangid
клещи
kruvikeeraja
отвертка
mutrivõti
гаечен ключ
taskulamp
джобна лампа

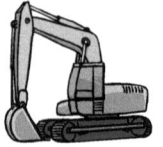

ekskavaator

багер

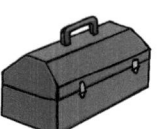

tööriistakast

кутия за инструменти

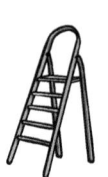

redel

стълба

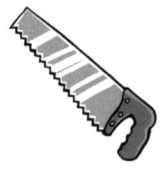

saag

трион

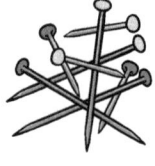

naelad

пирони

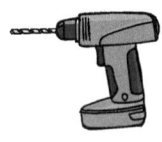

trell

бормашина

parandama
ремонтирам

labidas
лопата

Põrgusse!
По дяволите!

kühvel
лопатка за смет

värvipott
кутия за боя

kruvid
болтове

pillid

музикални инструменти

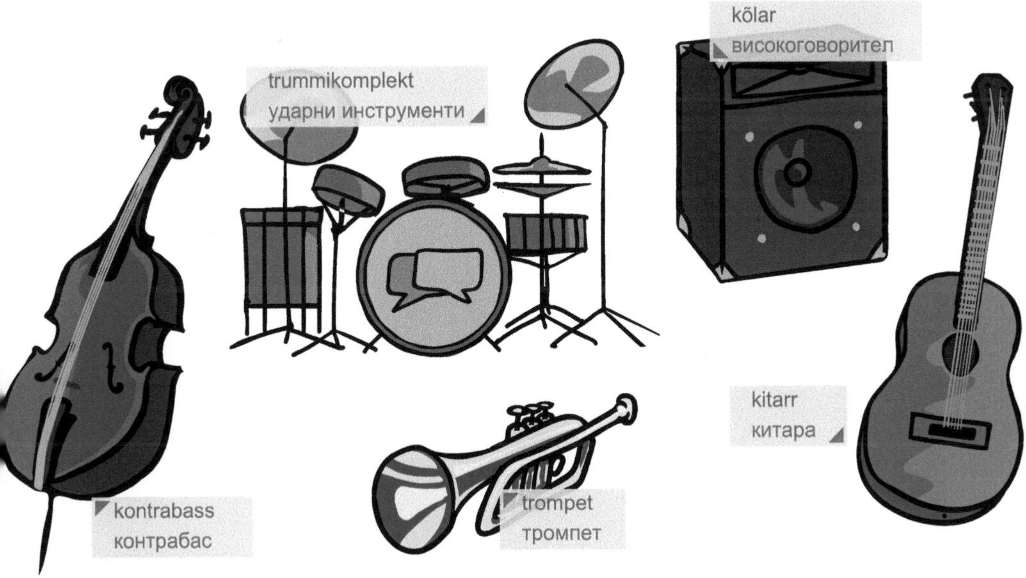

kõlar
високоговорител

trummikomplekt
ударни инструменти

kitarr
китара

kontrabass
контрабас

trompet
тромпет

klaver

пиано

viiul

виолина

bass

контрабас

timpan

тимпан

trummid

барабан

süntesaator

електрическо пиано

saksofon

саксофон

flööt

флейта

mikrofon

микрофон

loomaaed

зоологическа градина

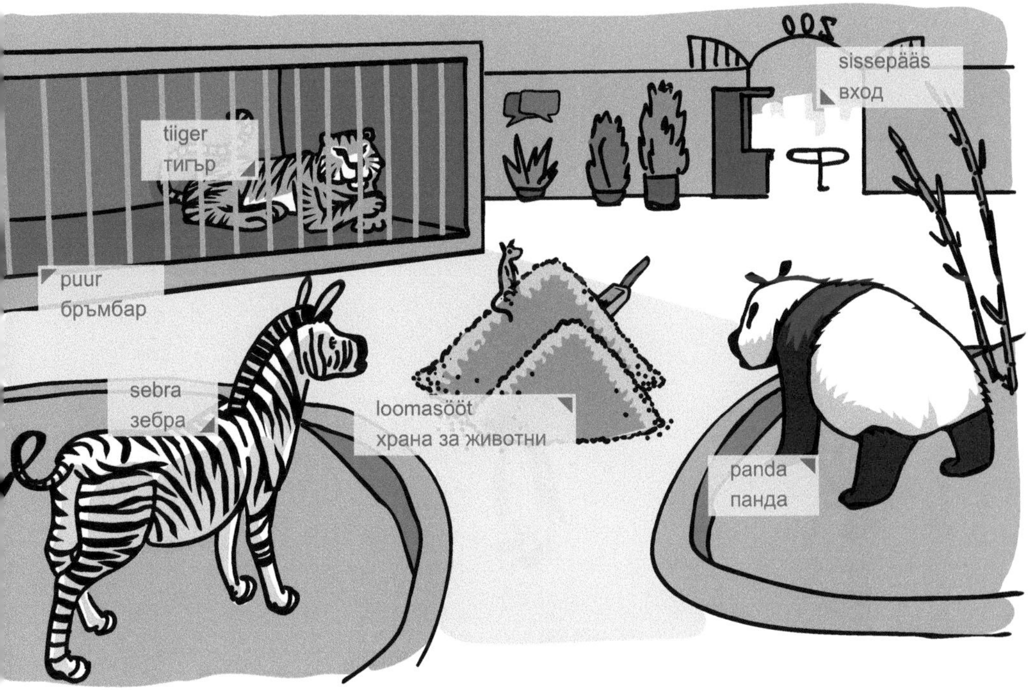

tiiger
тигър
sissepääs
вход
puur
бръмбар
sebra
зебра
loomasööt
храна за животни
panda
панда

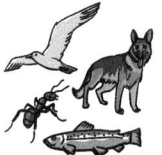

loomad

животни

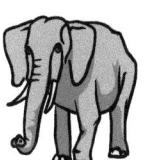

elevant

слон

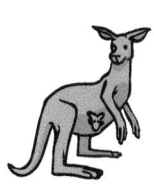

känguru

кенгуру

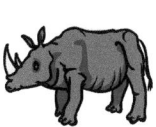

ninasarvik

носорог

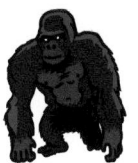

gorilla

горила

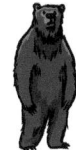

karu

мечка

kaamel

камила

jaanalind

щраус

lõvi

лъв

ahv

маймуна

flamingo

фламинго

papagoi

папагал

jääkaru

бяла мечка

pingviin

пингвин

hai

акула

paabulind

паун

madu

змия

krokodill

крокодил

loomaaiatalitaja

пазач в зоологическа
градина

hüljes

тюлен

jaaguar

ягуар

poni

пони

leopard

леопард

jõehobu

хипопотам

kaelkirjak

жираф

kotkas

орел

metssiga

диво прасе

kala

риба

kilpkonn

костенурка

morsk

морж

rebane

лисица

gasell

газела

Ameerika jalgpall
американски футбол

jalgrattasõit
колоездене

tennis
тенис

korvpall
баскетбол

ujumine
плуване

poksimine
бокс

jäähoki
хокей на лед

jalgpall
футбол

sulgpall
бадминтон

kergejõustik
лека атлетика

käsipall
хандбал

suusatamine
ски бягане

polo
поло

62

naerma
смея се

hüppama
скачам

kallistama
прегръщам

jalutama
вървя

laulma
пея

unistama
сънувам

palvetama
моля се

suudlema
целувам

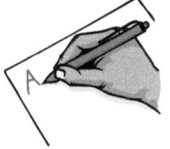

kirjutama

пиша

joonistama

рисувам

näitama

показвам

lükkama

бутам

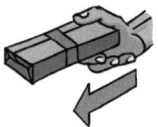

andma

давам

võtma

взимам

omama

имам

tegema

правя

olema

съм

seisma

стоя

jooksma

тичам

tõmbama

дърпам

viskama

хвърлям

kukkuma

падам

lamama

лежа

ootama

чакам

kandma

нося

istuma

седя

riidesse panema

обличам

magama

спя

ärkama

събуждам се

vaatama

разглеждам

nutma

плача

paitama

милвам

kammima

реша се

rääkima

говоря

aru saama

разбирам

küsima

питам

kuulama

слушам

jooma

пия

sööma

ям

korrastama

разтребвам

armastama

обичам

süüa tegema

готвя

sõitma

карам автомобил

lendama

летя

purjetama

плавам (с платна)

arvutama

смятане

lugema

чета

õppima

уча

töötama

работя

abielluma

женя се

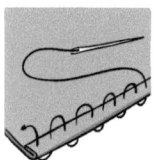

õmblema

шия

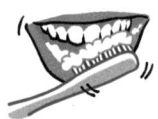

hambaid pesema

измивам си зъбите

tapma

убивам

suitsetama

пуша

saatma

изпращам

perekond
семейство

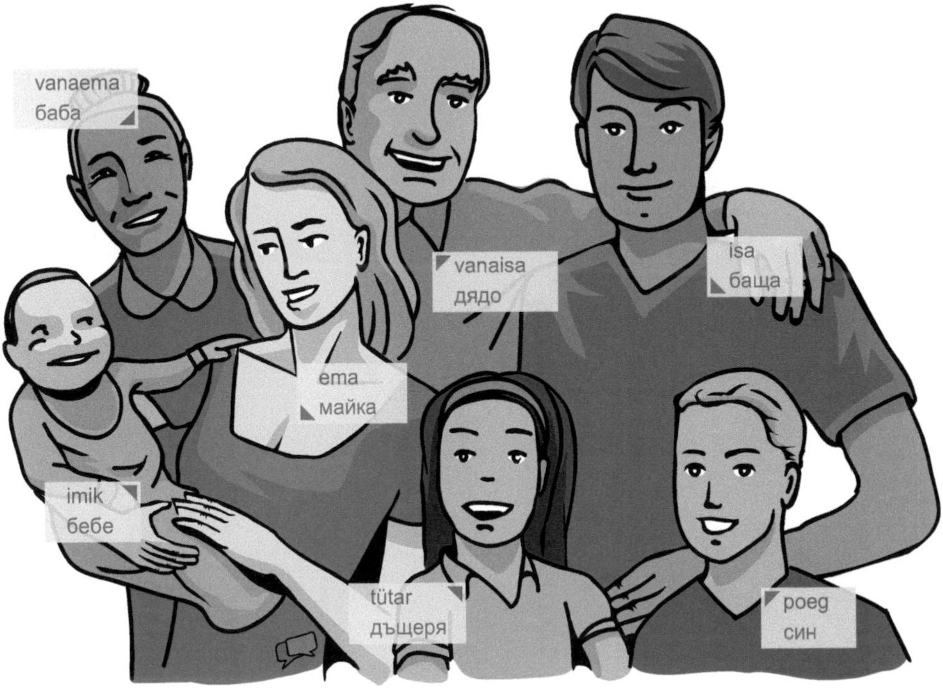
vanaema
баба
vanaisa
дядо
isa
баща
ema
майка
imik
бебе
tütar
дъщеря
poeg
син

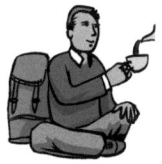

külaline
посетител

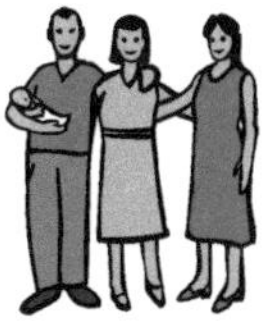

tädi
леля

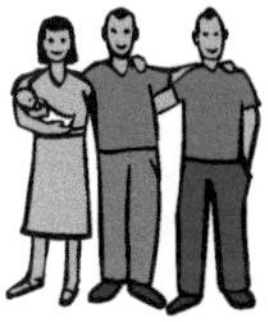

onu
чичо

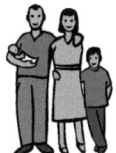

vend
брат

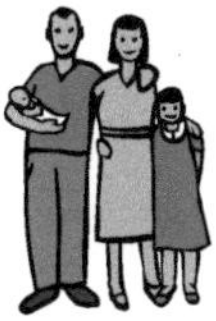

õde
сестра

keha

тяло

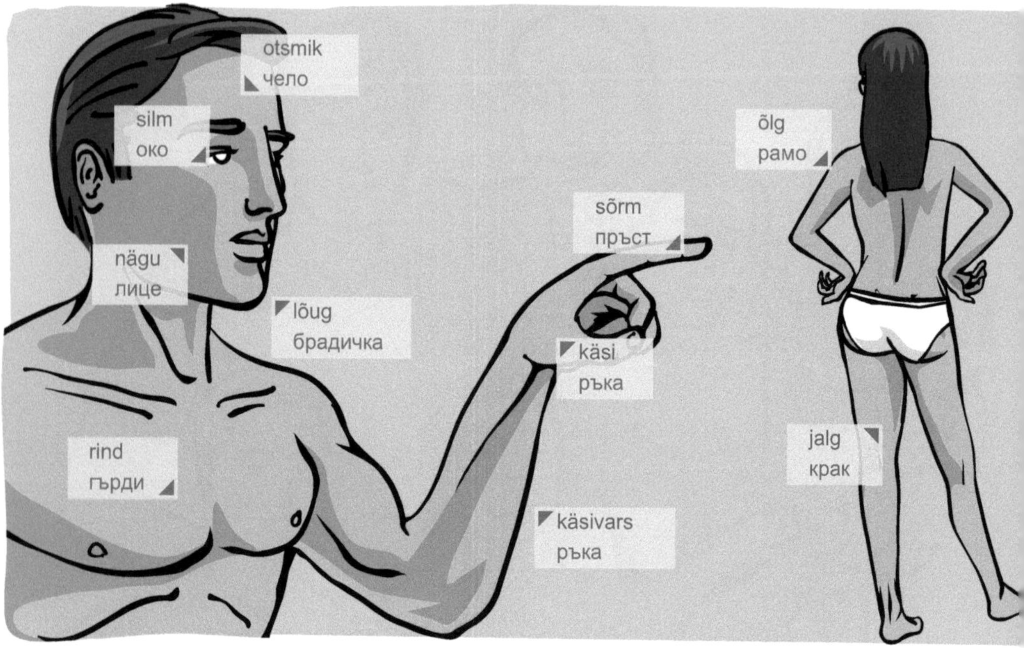

otsmik
чело

silm
око

õlg
рамо

sõrm
пръст

nägu
лице

lõug
брадичка

käsi
ръка

rind
гърди

jalg
крак

käsivars
ръка

imik

бебе

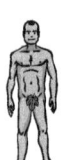

mees

мъж

naine

жена

tüdruk

момиче

poiss

момче

pea

глава

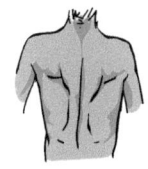

selg

гръб

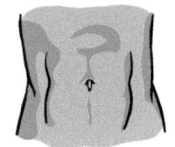

kõht

корем

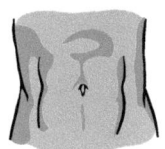

naba

пъп

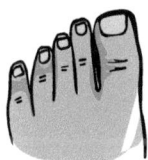

varvas

пръст на крака

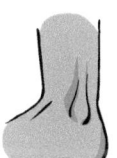

kand

пета

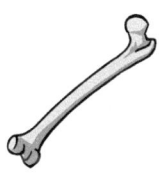

luu

кост

puus

хълбок

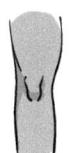

põlv

коляно

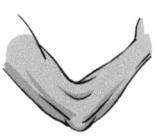

küünarnukk

лакът

nina

нос

tagumik

седалище

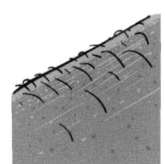

nahk

кожа

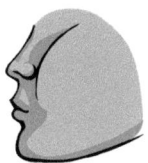

põsk

буза

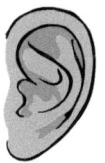

kõrv

ухо

huuled

устна

suu

уста

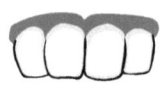

hammas

зъб

keel

език

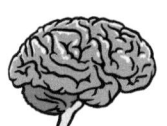

aju

мозък

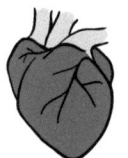

süda

сърце

lihas

мускул

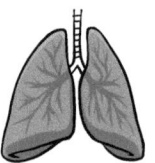

kops

бял дроб

maks

черен дроб

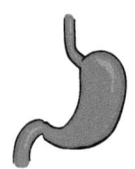

magu

стомах

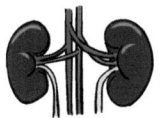

neerud

бъбреци

seksuaalvahekord

полово сношение

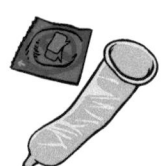

kondoom

кондом

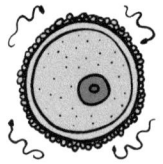

munarakk

яйцеклетка

sperma

сперма

rasedus

бременност

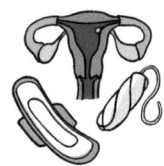

menstruatsioon

менструация

vagiina

вагина

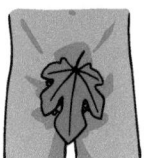

peenis

пенис

kulm

вежда

juuksed

коса

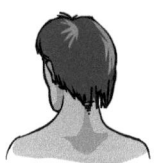

kael

шия

haigla
болница

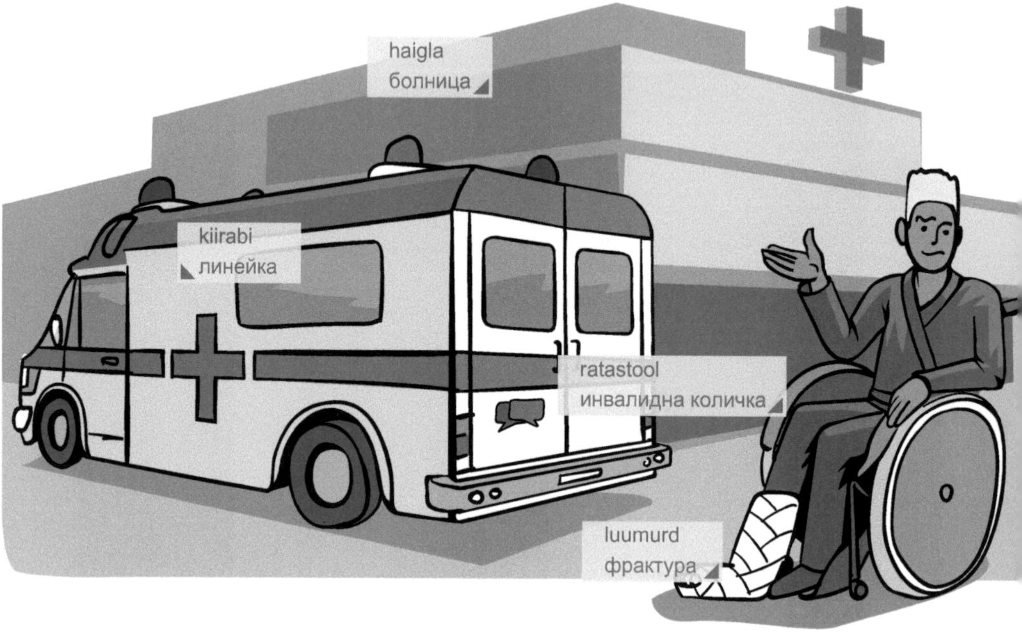

haigla
болница
kiirabi
линейка
ratastool
инвалидна количка
luumurd
фрактура

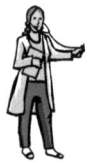

arst
....
лекар

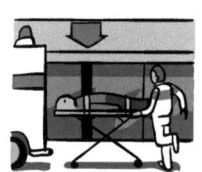

traumapunkt
....
спешна хоспитализация

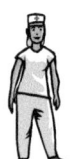

meditsiiniõde
....
медицинска сестра

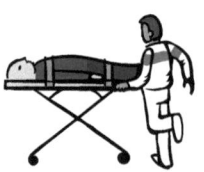

hädaolukord
....
спешен случай

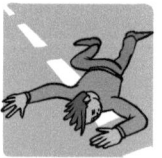

teadvuseta
....
в безсъзнание

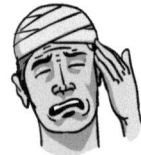

valu
....
болка

vigastus

нараняване

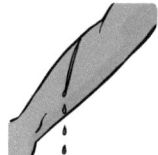

verejooks

кървене

südamerabandus

инфаркт

insult

инсулт

allergia

алергия

köha

кашлица

palavik

температура

gripp

грип

kõhulahtisus

диария

peavalu

главоболие

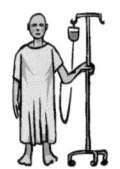

vähk

рак

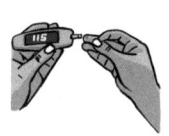

diabeet

диабет

kirurg

хирург

skalpell

скалпел

operatsioon

операция

haigla - болница

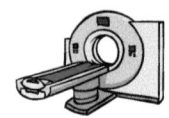

KT
компютърна томография

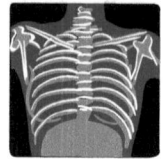

röntgen
рентген

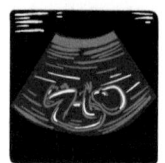

ultraheli
ултразвук

mask
маска

haigus
болест

ooteruum
чакалня

kark
патерица

kips
пластир

side
превръзка

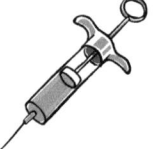

süst
инжекция

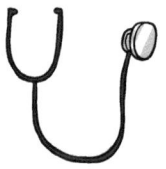

stetoskoop
стетоскоп

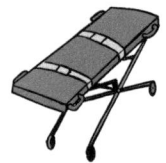

kanderaam
носилка

kraadiklaas
термометър

sünd
раждане

ülekaaluline
наднормено тегло

kuuldeaparaat

слухов апарат

desinfektsioonivahend

дезинфекционно средство

põletik

инфекция

viirus

вирус

HIV / AIDS

HIV / AIDS

meditsiin

медицина

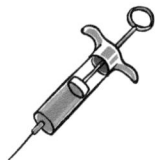

vaktsineerimine

ваксинация

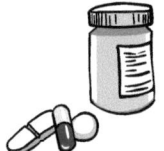

tabletid

таблети

pill

противозачатъчна
таблетка

hädaabikõne

спешно телефонно
обаждане

vererõhuaparaat

апарат за измерване на
кръвното налягане

haige / terve

болен / здрав

Appi!

Помощ!

häire

сигнал за тревога

kallaletung

нападение

rünnak

атака

oht

опасност

avariiväljapääs

аварийен изход

Tulekahju!

Пожар!

tulekustuti

пожарогасител

õnnetus

злополука

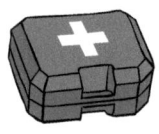

esmaabikomplekt

комплект за оказване на
първа помощ

SOS

SOS

politsei

полиция

Euroopa

Европа

Põhja-Ameerika

Северна Америка

Lõuna-Ameerika

Южна Америка

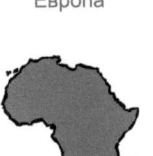

Aafrika

Африка

Aasia

Азия

Austraalia

Австралия

Atlandi ookean

Атлантически океан

Vaikne ookean

Тихи океан

India ookean

Индийски океан

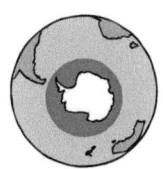

Lõuna-Jäämeri

Южен ледовит океан

Põhja-Jäämeri

Северен ледовит океан

põhjapoolus

Северен полюс

lõunapoolus

Южен полюс

Antarktika

Антарктида

Maa

Земя

maismaa

суша

meri

море

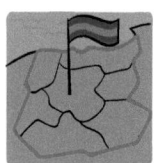

saar

остров

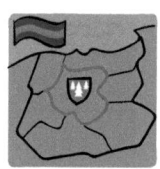

rahvus

нация

riik

държава

sihverplaat

циферблат

tunniosuti

стрелка на часовете

minutiosuti

стрелка на минутите

sekundiosuti

стрелка на секундите

Mis kell on?

Колко е часът?

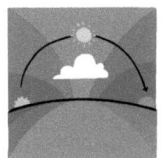

päev

ден

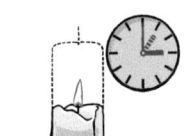

aeg

време

praegu

сега

digitaalne kell

дигитален часовник

minut

минута

tund

час

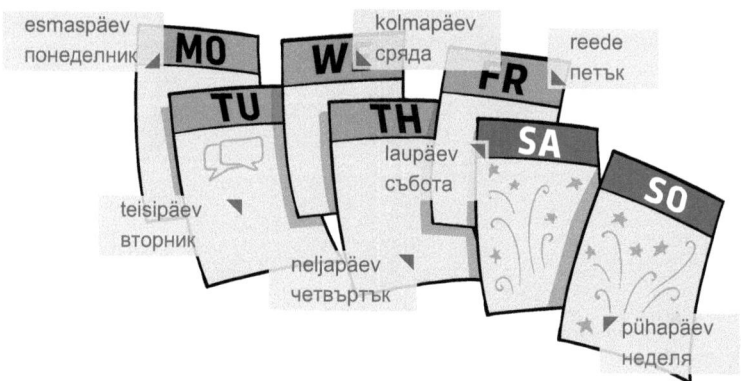

esmaspäev / понеделник — MO
kolmapäev / сряда — W
reede / петък — FR
teisipäev / вторник — TU
neljapäev / четвъртък — TH
laupäev / събота — SA
pühapäev / неделя — SO

eile
....
вчера

täna
....
днес

homme
....
утре

hommik
....
сутрин

lõuna
....
обед

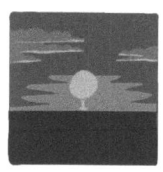

õhtu
....
вечер

tööpäevad
....
работни дни

nädalavahetus
....
уикенд

aasta
година

vihm
дъжд
vikerkaar
дъга
lumi
сняг
tuul
вятър
kevad
пролет
sügis
есен
suvi
лято
talv
зима

4.APRIL 11°
5.APRIL 4°
6.APRIL 13°
7.APRIL 8°
8.APRIL 10°

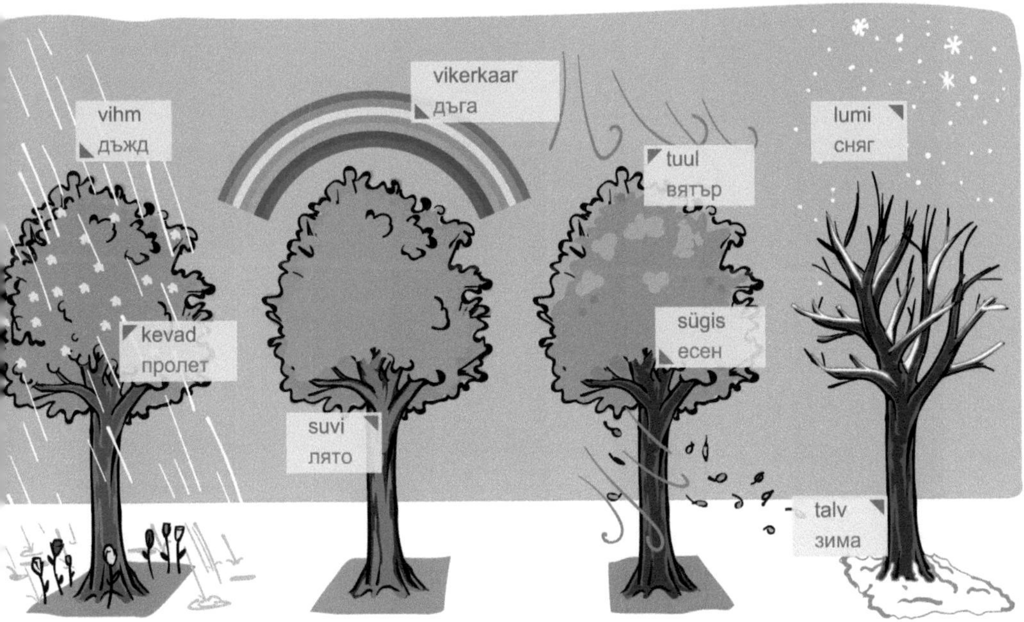

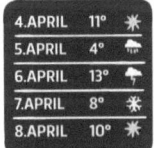

ilmaennustus

прогноза за времето

F C
120 40
90 30
60 20
30 10
0 0
-30 -10
-20

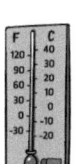

termomeeter

термометър

päikesepaiste

слънчева светлина

pilv

облак

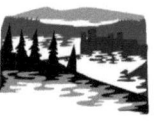

udu

мъгла

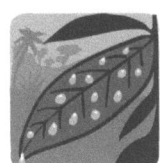

niiskus

влажност на въздуха

pikne

светкавица

kõu

гръмотевица

torm

буря

rahe

градушка

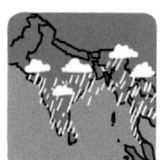

mussoon

мусон

üleujutus

наводнение

jää

лед

jaanuar

януари

veebruar

февруари

märts

март

aprill

април

mai

май

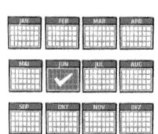

juuni

юни

juuli

юли

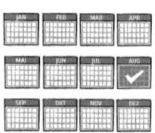

august

август

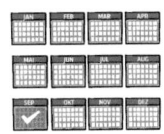

september
....
септември

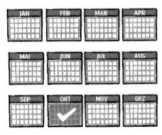

oktoober
....
октомври

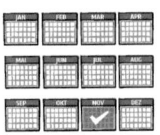

november
....
ноември

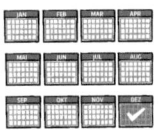

detsember
....
декември

ring
....
кръг

ruut
....
квадрат

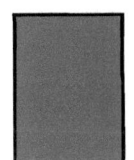

nelinurk
....
четириъгълник

kolmnurk
....
триъгълник

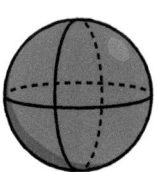

kera
....
сфера

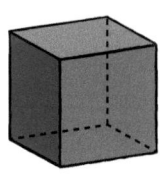

kuup
....
куб

valge

бял

kollane

жълт

oranž

оранжев

roosa

розов

punane

червен

lilla

лилав

sinine

син

roheline

зелен

pruun

кафяв

hall

сив

must

черен

palju / vähe

много / малко

vihane / rahulik

ядосан / спокоен

ilus / inetu

красив / грозен

algus / lõpp

начало / край

suur / väike

голям / малък

hele / tume

светъл / тъмен

vend / õde

брат / сестра

puhas / must

чист / мръсен

täielik / puudulik

пълен / непълен

päev / öö

ден / нощ

surnud / elus

мъртъв / жив

lai / kitsas

широк / тесен

söödav / mittesöödav

ядлив / неядлив

kuri / sõbralik

сърдит / любезен

põnevil / tüdinud

развълнуван / скучаещ

paks / peenike

дебел / тънък

esimene / viimane

най-напред / най-накрая

sõber / vaenlane

приятел / враг

täis / tühi

пълен / празен

kõva / pehme

твърд / мек

raske / kerge

тежък / лек

nälg / janu

глад / жажда

haige / terve

болен / здрав

ebaseaduslik / seaduslik

нелегален / легален

tark / rumal

интелигентен / глупав

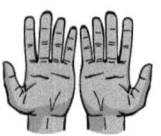

vasak / parem

ляво / дясно

lähedal / kaugel

близо / далече

uus / kasutatud

нов / употребяван

mitte midagi / midagi

нищо / нещо

vana / noor

стар / млад

sees / väljas

вкл. / изкл.

lahti / kinni

отворен / затворен

vaikne / vali

тих / силен (звук)

rikas / vaene

богат / беден

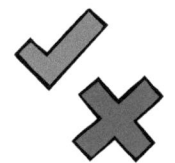

õige / vale

правилен / погрешен

kare / sile

грапав / гладък

kurb / rõõmus

тъжен / щастлив

lühike / pikk

дълъг / къс

aeglane / kiire

бавен / бърз

märg / kuiv

мокър / сух

soe / jahe

топъл / студен

sõda / rahu

война / мир

0

null

нула

1

üks

едно

2

kaks

две

3

kolm

три

4

neli

четири

5

viis

пет

6

kuus

шест

7

seitse

седем

8

kaheksa

осем

9

üheksa

девет

10

kümme

десет

11

üksteist

единадесет

12

kaksteist

дванадесет

13

kolmteist

тринадесет

14

neliteist

четиринадесет

15

viisteist

петнадесет

16

kuusteist

шестнадесет

17

seitseteist

седемнадесет

18

kaheksateist

осемнадесет

19

üheksateist

деветнадесет

20

kakskümmend

двадесет

100

sada

сто

1.000

tuhat

хиляда

1.000.000

miljon

милион

inglise

английски

Ameerika inglise

американски английски

mandariini

китайски мандарин

hindi

хинди

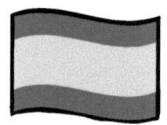

hispaania

испански

prantsuse

френски

araabia

арабски

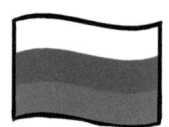

vene

руски

portugali

португалски

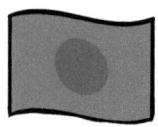

bengali

бенгалски

saksa

немски

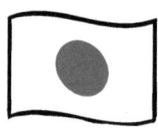

jaapani

японски

mina

аз

sina

ти

tema

той / тя / то

meie

ние

teie

вие

nemad

те

kes?

кой?

mis?

какво?

kuidas?

как?

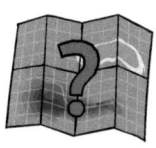

kus?

къде?

millal?

кога?

nimi

име

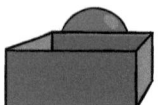

taga

зад

sees

в

ees

пред

kohal

над

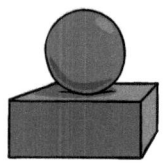

peal

върху

all

под

kõrval

до

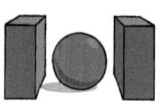

vahel

между

koht

място